專門替中國人寫的
英文練習本 初級本 下

MEBC EASY

李家同/策劃審訂

博幼基金會/著

1片朗讀光碟
1片互動光碟

序言

專門替中國人寫的英文練習本

　　我們發現中國人寫英文句子時，常會犯獨特的錯誤，比方說兩個動詞連在一起用，將動詞用成名詞，時態更是困難，現在式、過去式、現在完成式，常把英文初學者搞糊塗了，畢竟我們沒有說英文的環境，而犯了天生講英文的人是不可能犯的這種錯誤。文老師寫的《專門替中國人寫的英文課本》簡單又容易讀，用中文來解釋英文文法規則，裡面有許多的練習，可以讓學生反覆練習直到熟悉為止，這些書很適合剛入門學習英文的人使用。

　　知道基本的文法觀念後，若沒有閱讀文章的習慣，面臨基本學力測驗，那些文章都很長，單字又很多，許多人一看就怕了。我所負責的博幼基金會發現這個問題的嚴重性，所以搭配《專門替中國人寫的英文課本》初級本編了一系列的短文，讓學生可依自己的英文程度，選擇適合自己閱讀的短文。每一篇短文句子不超過六行，每個句子也都很短，但是每篇短文都巧妙地加入一些新的生字。重要的是，這一系列的短文依文法分級，一開始短文都是肯定句，然後有否定語氣，再來就有問句了。如果你懂得過去式、未來式，那可以選擇 Part C 的短文閱讀，若想要認識更多問句，不妨閱讀 Part D 的短文。唸完這些短文以後，可以進行後面的英翻中、句子填空、改錯、生字配對等練習，學生通常在十分鐘之內都可以做完。如此，既能複習學過的文法規則，又能增加生字，但又不會使人感到吃力。

《專門替中國人寫的英文練習本》也有光碟搭配，你不但可以聽到文章朗讀，生字也都有發音。如果一次聽不懂，可以反覆點選聽不懂的句子或生字，多聽自然可以熟悉。這些短文不只增進學生的閱讀能力，聽力與口說也都能有所進步，有了練習本，我相信學生的英文能力會越來越好，以後看到文章就不會太怕了。

李家同

　　今年年初我從北二高南下，在草屯轉國道 6 號公路，沿著層層峰巒，不出半小時已來到聞名已久的博幼基金會，在這裡我跟年輕的英文老師有約。這些充滿教學熱誠的老師，不但在教學研習會上分組討論學生遇到的困難及分享解決方法，還以短劇方式，呈現自己得意的一門課。在回家的路上，一幕幕與這些老師討論英語教學的畫面，不斷閃過腦海。埔里小朋友何其幸運，能在一間間整齊安靜的小教室裡由老師課後指導英文功課！

　　隔沒多久，我從聯經編輯手中收到博幼老師配合《專門替中國人寫的英文課本》編寫的《英文練習本》，翻閱這些老師親手編寫的小故事和短篇對話，我的驚訝更甚於從前。舉手邊現成的例子 48 頁 At a Store 這課來看，兩位主角：店員（clerk）和名叫 Bill 的顧客只用區區十幾句話，就呈現一段完整有趣的場景和對話。對話所用的英文生字不多，卻跟生活息息相關，例如 Bill 想要買杯我們常喝的木瓜牛奶，他不想在店裡飲用卻想帶走，他問店員：「Can I have a cup of papaya milk to go?」短短十個字的問句，讓小朋友學會怎麼用英文說木瓜牛奶（papaya milk）和帶走（to go），更重要的是學會如何買飲料（order drinks）。等 Bill 問了店員大杯、小杯不同的價錢後，店員說：「A small one is five dollars cheaper than a large one.」從這句話中小朋友學會實際生活中英文比較級的用法──小杯比大杯便宜五塊錢。文法書中不乏比較級的習題，如：

He is five years <u>older</u> than she is.

I am five years <u>younger</u> than he is.

但真實生活中我們如何活用這些比較級？本課買飲料時店員與顧客的對話，給了我們最好的示範。

　　除了生動的實景對話外，本書最引人注意的是排版清楚，明白易懂，習題份量恰到好處，讓學生不會心生畏懼。以學生的能力，讀完課文後，可輕而易舉把作業寫完。這是一本由老師累積《專門替中國人寫的英文課本》的教學經驗所編寫的課本，它讓《專門替中國人寫的英文課本》更為增色。兩本書合併使用，學生明瞭文法結構之後，可以進一步由《英文練習本》加強練習，久而久之，必能打下良好的英文基礎。

逢甲大學語言中心

文庭澍

目錄

Part **C** （配合課本第十三課～第十六課）

Part D （配合課本第十三課～第二十四課）

解答

Part C

New Year

 C-01

Susan: What will you do tomorrow? The **New Year** is **here**.

Andy: I will go to Taipei（台北）to **see** the **fireworks**. They were **beautiful** last year.

Susan: Oh（喔）! I went last year. There were so many **people**! I won't go **again**.

Andy: Well（嗯）, what will you do?

Susan: I will watch a movie in my house. I have a **new** movie on DVD. It is very **popular**.

Andy: **Sounds great!**

單字表 C-01 Vocabulary

- **New Year** 新年
- **here** 這裡
- **see**（**saw**）看
- **fireworks** 煙火
- **beautiful** 漂亮的

- **people** 人們
- **again** 再
- **new** 新的
- **popular** 受歡迎的
- **Sounds great!** 聽起來很棒！

英翻中

1. What will you do tomorrow?

   _____

2. I will go to Taipei to see the fireworks.

   _____

3. I went last year.

   _____

4. There were so many people! I won't go again.

   _____

5. I will watch a movie in my house.

   _____

造句

1. 班明天會做什麼？

   What _____ Ben do _____?

2. 新年來了。

   The New Year _____ _____.

3. 他會去台北看煙火。

   He _____ _____ to Taipei to _____ the fireworks.

4. 去年煙火很漂亮。

   The fireworks _____ beautiful last year.

5. 湯姆去年去過美國。

   Tom _____ to the US last year.

6. 他不會再去了。

   He _____ _____ again.

7. 他會在他家看電影。

   He _____ _____ a movie _____ _____ house.

8. 他有一片新的電影 DVD。

   He _____ a new movie on DVD.

9. 它很受歡迎。

   _____ _____ very popular.

改錯

圈出文法錯誤，並寫出正確的答案

例 She (isn't) go to school every day.（doesn't）

1. What will he does tomorrow? （　　　　）

2. She goed to the US last month. （　　　　）

3. Will Susan goes to Taipei next week? （　　　　）

4. Andy doesn't has DVDs. （　　　　）

5. It are popular. （　　　　）

配合題

1. 新年	（　）	**a.**	people
2. 看	（　）	**b.**	Sounds great!
3. 煙火	（　）	**c.**	New Year
4. 漂亮的	（　）	**d.**	see（saw）
5. 這裡	（　）	**e.**	beautiful
6. 人們	（　）	**f.**	here
7. 再	（　）	**g.**	new
8. 新的	（　）	**h.**	popular
9. 受歡迎的	（　）	**i.**	again
10. 聽起來很棒	（　）	**j.**	fireworks

Flower Show

 C-02

Last week, my friends and I **visited** Changhua (彰化). We went to the **Flower Show** and **saw** many flowers. The flowers were **colorful**. They were **red**, **white** and **yellow**. We **took** many **pictures**. I **also** **bought** many flowers.

單字表  C-02 Vocabulary

- **Flower Show** 花展
- **visit（visited）** 造訪；參觀
- **see（saw）** 看到
- **colorful** 鮮豔的
- **red** 紅的
- **white** 白的
- **yellow** 黃的
- **take（took）pictures** 照相
- **also** 也
- **buy（bought）** 買

1. Last week, my friends and I visited Changhua.

_____

2. We went to the Flower Show and saw many flowers.

_____

3. The flowers were colorful.

_____

4. We took many pictures.

_____

5. I also bought many flowers.

_____

造句

1. 上星期他在哪裡？

   _____ _____ he _____ week?

2. 他去造訪彰化。

   He _____ Changhua.

3. 他去花展。

   He _____ to the Flower Show.

4. 他看了很多花。

   He _____ many flowers.

5. 它很鮮豔。（時態：過去式）

   It _____ colorful.

6. 它們是紅色、白色和黃色的。（時態：過去式）

   They _____ red, white _____ yellow.

7. 他照了很多照片。

   He _____ many pictures.

8. 他也買了很多花。

   He also _____ many flowers.

9. 他下週會去台中嗎？

   _____ he _____ to Taichung _____ week?

10. 他都怎麼去台中？

    _____ does he _____ to Taichung?

8

改錯

圈出文法錯誤，並寫出正確的答案

例 She isn't go to school every day. （doesn't）

1. They visit Changhua yesterday. （　　　　）

2. He gos to school every day. （　　　　）

3. The flowers was yellow. （　　　　）

4. She takes many pictures last night. （　　　　）

5. Did she bought flowers last month? （　　　　）

配合題

1. 花展	（　　）		a.	take（took）pictures
2. 拜訪	（　　）		b.	flower show
3. 看到	（　　）		c.	see（saw）
4. 鮮豔的	（　　）		d.	colorful
5. 紅的	（　　）		e.	visit（visited）
6. 白的	（　　）		f.	white
7. 黃的	（　　）		g.	buy（bought）
8. 照相	（　　）		h.	yellow
9. 也	（　　）		i.	red
10. 買	（　　）		j.	also

Travel to America

 C-03

Judy: Amy, what are you reading?

Amy: I am reading a book **about** America.

Judy: When will you go to America?

Amy: Next week. I am **excited**!

Judy: Be **careful**! I went to America last year and **lost** my computer.

Amy: Did you find it?

Judy: No, I didn't.

Amy: That's **terrible**. I'll be **careful**.

  C-03 Vocabulary

- **travel** 旅行
- **about** 關於
- **excited** 興奮的
- **careful** 小心的
- **lose**（**lost**）遺失
- **terrible** 可怕的

1. What are you reading?

   _____

2. I am reading a book about America.

   _____

3. When will you go to America?

   _____

4. I went to America last year and lost my computer.

   _____

5. Did you find it?

   _____

1. 他正在讀什麼？

   What _____ he _____?

2. 他正在讀一本關於日本的書。

   He _____ reading a book _____ Japan.

3. 他什麼時候會去日本？

   When will he _____ to _____?

4. 我下個月會去美國。

   I _____ go to _____ next _____.

5. 她很興奮。

   She _____ _____.

6. 她去年去了日本。

   She _____ to _____ last year.

7. 她弄丟了她的電腦。

   She _____ _____ computer.

8. 她有找到它嗎？

   _____ she _____ it?

9. 她沒有找到它。

   She _____ _____ it.

10. 他會小心的。

    He _____ _____ careful.

改錯

圈出文法錯誤，並寫出正確的答案

例 She (isn't) go to school every day. （doesn't）

1. Does he reading now? （   ）

2. When did she go to Japan next week? （   ）

3. They do excited. （   ）

4. Amy goed to America last month. （   ）

5. Did Judy found her book? （   ）

配合題

1. 旅行　　　　　（　　）

2. 關於　　　　　（　　）

3. 興奮的　　　　（　　）

4. 小心的　　　　（　　）

5. 遺失　　　　　（　　）

6. 可怕的　　　　（　　）

a. lose（lost）
b. terrible
c. careful
d. excited
e. travel
f. about

A Letter to Sam

 C-04

Sam,

That was a **great party** last week. Do you **remember** we **saw** a girl **there**? I **talked to her** last night. Her **name** is Susan. She's Lucy's sister. She will **see** a movie **with me** next week. I am **so** happy. Do you have **any advice for me**?

Peter

 C-04 Vocabulary

- **great** 很棒的
- **party** 派對
- **remember**（remembered）記得
- **see**（saw）看見
- **there** 在那裡
- **talk**（talked）**...to** 跟……說話
- **her** 她（受詞）

- **name** 名字
- **with** 和
- **me** 我（受詞）
- **so** 這麼地
- **any** 任何
- **advice** 建議
- **for** 給

1. We saw a girl there.

   _____

2. I talked to her last night.

   _____

3. She's Lucy's sister.

   _____

4. She will see a movie with me next week.

   _____

5. Do you have any advice for me?

   _____

1. 他記得嗎？

   _____ he _____?

2. 他上星期看到一位女孩。

   He _____ a girl _____ week.

3. 他昨晚跟她說話。

   He _____ _____ her last night.

4. 你昨晚有跟山姆說話嗎？

   _____ you _____ to Sam last night?

5. 他昨天很快樂。

   He _____ happy yesterday.

6. 我是南西的妹妹。

   I _____ Nancy's sister.

7. 他不是我爸爸。

   He _____ _____ my father.

8. 我的名字叫愛蜜莉。

   _____ name _____ Emily.

9. 她朋友下星期會和她看電影。

   _____ friend _____ see a movie _____ her _____
   _____.

10. 他有任何建議給我嗎？

    _____ he _____ any advice for me?

改錯

圈出文法錯誤，並寫出正確的答案

例 She (isn't) go to school every day. （doesn't）

1. Is he remember my name? （　　　　　）

2. We seed that boy yesterday. （　　　　　）

3. She doesn't talk to me last night. （　　　　　）

4. They will seeing a movie tomorrow. （　　　　　）

5. Do they had any advice? （　　　　　）

配合題

1. 很棒的　　　　（　　　）
2. 派對　　　　　（　　　）
3. 記得　　　　　（　　　）
4. 看見　　　　　（　　　）
5. 在那裡　　　　（　　　）
6. 跟……說話　　（　　　）
7. 名字　　　　　（　　　）
8. 和　　　　　　（　　　）
9. 任何　　　　　（　　　）
10. 建議　　　　　（　　　）
11. 給　　　　　　（　　　）
12. 這麼地　　　　（　　　）
13. 我（受詞）　　（　　　）

a. me
b. so
c. talk（talked）... to
d. for
e. remember（remembered）
f. see（saw）
g. great
h. advice
i. any
j. party
k. name
l. with
m. there

17

I Was Sick

🎧 C-05

Yesterday I was **sick**. I didn't go to school. **After** my mom called my teacher, she **took me to see a doctor**. The doctor **said** I **had a cold**. It was **serious**. I **had better** not go to school this week. I **had better** have a good **rest**.

 🎧 C-05 Vocabulary

- **sick** 病的
- **after** 在……之後
- **take(took)...to** 帶……到
- **me** 我（受詞）
- **see(saw) a doctor** 看醫生

- **say(said)** 說
- **have(had) a cold** 感冒
- **serious** 嚴重的
- **had better** 最好
- **rest** 休息

1. Yesterday I was sick.

_____

2. After my mom called my teacher, she took me to see a doctor.

_____

3. The doctor said I had a cold.

_____

4. I had better not go to school this week.

_____

5. I had better have a good rest.

_____

1. 她昨天病了。

   She _____ sick yesterday.

2. 他昨天沒有上學。

   He _____ _____ to school yesterday.

3. 他去了日本。

He _____ to _____.

4. 你打了電話給誰？

_____ did you _____?

5. 我打了電話給她的老師。

I _____ _____ teacher.

6. 你帶她去哪裡了？

_____ did you _____ her?

7. 我帶她去看醫生。

I _____ her to _____ a _____.

8. 醫生說她感冒了。

The doctor _____ she _____ a cold.

9. 她這星期最好不要上學。

She _____ _____ not _____ to school this week.

10. 她最好好好地休息。

She had better _____ a good _____.

改錯

圈出文法錯誤，並寫出正確的答案

例 She (isn't) go to school every day. （doesn't）

1. She doesn't go to school yesterday. （　　　　）

2. I am calls my teacher. （　　　　）

3. He taked me to school. （　　　　）

4. She sayed it was serious. （　　　　）

5. We have better go to school every day. （　　　　）

配合題

1. 病的	（　　）	**a.** sick
2. 在……之後	（　　）	**b.** see（saw）a doctor
3. 帶……到	（　　）	**c.** take（took）...to
4. 看醫生	（　　）	**d.** say（said）
5. 說	（　　）	**e.** serious
6. 感冒	（　　）	**f.** rest
7. 嚴重的	（　　）	**g.** have（had）a cold
8. 最好	（　　）	**h.** after
9. 休息	（　　）	**i.** had better

The Basketball Game

 C-06

Sally: Hi(嗨) Bill, did you watch the basketball **game** yesterday?

Bill: Yes, I did. The **Lions won**.

Sally: Good! The **Lions** are my **favorite team**, but I didn't watch the **game**.

Bill: **Why not**? It was an **important game**.

Sally: I **had to take a test**.

Bill: That's **too** bad. It was a **great game**.

 C-06 Vocabulary

- **game** 比賽
- **lion** 獅
- **win**(**won**) 獲勝
- **favorite** 最喜愛的
- **team** (球)隊
- **why not** 為什麼不

- **important** 重要的
- **have to**(**had to**) 必須
- **take a test** 參加考試
- **too** 太
- **great** 很棒的

22

1. Did you watch the basketball game yesterday?

_____

2. The Lions are my favorite team, but I didn't watch the game yesterday.

_____

3. It was an important game.

_____

4. I had to take a test.

_____

5. It was a great game.

_____

造句

1. 她昨天有看籃球賽嗎？

_____ she _____ the basketball game yesterday?

2. 獅隊贏了。

The Lions _____.

3. 那太好了！

   That _____ good!

4. 他們是她最喜歡的球隊。

   They _____ _____ favorite team.

5. 她昨天沒有看比賽。

   She _____ _____ the game yesterday.

6. 它是一場重要的比賽。（時態：過去式）

   It _____ _____ important game.

7. 她昨天去參加考試。

   She _____ _____ test yesterday.

8. 他們昨天在我家。

   They _____ _____ my house yesterday.

9. 那太可惜。

   That _____ too _____.

10. 那是一場很棒的比賽。（時態：過去式）

    That _____ _____ great game.

改錯 • • • •

圈出文法錯誤，並寫出正確的答案

例 She (isn't) go to school every day. （doesn't）

1. Did he watched TV last night? （   ）

2. He is she favorite singer. （   ）

3. Do you watch the basketball game yesterday? （   ）

4. Frank didn't watches the game. （   ）

5. It was a important game. （   ）

配合題 • • • •

1.	比賽	（ ）	a.	favorite
2.	獅	（ ）	b.	game
3.	獲勝	（ ）	c.	why not
4.	最喜愛的	（ ）	d.	win（won）
5.	（球）隊	（ ）	e.	team
6.	為什麼不	（ ）	f.	important
7.	重要的	（ ）	g.	take a test
8.	太	（ ）	h.	lion
9.	參加考試	（ ）	i.	too

A Bad Earthquake

🎧 C-07

Tom **lives** in Hualien（花蓮）. His brother and he **came** to Taichung（台中）. Their house in Hualien **collapsed** in a bad **earthquake** and their mother was **hurt**. Their father **stayed** in Hualien to **take care of** their mother. Tom **misses** his **parents**.

 🎧 C-07 Vocabulary

- **live**（**lived**）住
- **come**（**came**）來
- **collapse**（**collapsed**）倒塌
- **earthquake** 地震
- **hurt** 受傷的

- **stay**（**stayed**）留下
- **take**（**took**）**care of** 照顧
- **miss**（**missed**）想念
- **parents** 父母親

1. Tom lives in Hualien.

   _____

2. His brother and he came to Taichung.

   _____

3. Their house in Hualien collapsed in a bad earthquake and their mother was hurt.

   _____

4. Their father stayed in Hualien to take care of their mother.

   _____

5. Tom misses his parents.

   _____

造句

1. 你家在哪裡？

   _____ _____ your house?

2. 他們住在花蓮。

   They _____ _____ Hualien.

3. 他們什麼時候來到台中？

   ＿＿＿＿＿＿ ＿＿＿＿＿＿ they ＿＿＿＿＿＿ to Taichung?

4. 我哥哥和我上星期來到高雄。

   Last week ＿＿＿＿ brother and I ＿＿＿＿＿＿ to Kaohsiung.

5. 你的房子在一場嚴重的地震中倒塌了。

   ＿＿＿＿＿＿ house ＿＿＿＿＿＿ ＿＿＿＿＿＿ a bad earthquake.

6. 他們受傷了。（時態：過去式）

   They ＿＿＿＿＿＿ hurt.

7. 他爸爸待在花蓮。（時態：過去式）

   ＿＿＿＿＿＿ father ＿＿＿＿＿＿ ＿＿＿＿＿＿ Hualien.

8. 他每天照顧他的兒子。

   He ＿＿＿＿＿＿ care of his ＿＿＿＿＿＿ every day.

9. 他們好嗎？

   ＿＿＿＿＿＿ ＿＿＿＿＿＿ they?

10. 我想念我的父母親。

    I ＿＿＿＿＿＿ ＿＿＿＿＿＿ parents.

㊣錯 ● ● ● ● ● °

圈出文法錯誤，並寫出正確的答案

㊀ She (isn't) go to school every day. （doesn't）

1. Is he live in Taichung? （　　　　）

2. We comed here yesterday. （　　　　）

3. His friend weren't hurt. （　　　　）

4. She stays in Japan last month. （　　　　）

5. Are you miss Eve? （　　　　）

㊣合題 ● ● ● ● °

1. 住	（　　）		**a.**	miss（missed）
2. 倒塌	（　　）		**b.**	live（lived）
3. 來	（　　）		**c.**	collapse（collapsed）
4. 地震	（　　）		**d.**	come（came）
5. 受傷的	（　　）		**e.**	earthquake
6. 留下	（　　）		**f.**	stay（stayed）
7. 照顧	（　　）		**g.**	hurt
8. 想念	（　　）		**h.**	take（took）care of

Seeing a Movie

 C-08

Paul: Hi（嗨）! **How about** a movie **this afternoon**?

Steve: Great! Which one do you **want** to **see**, *Fun, Fun, Fun* or *American Dream*?

Paul: *Fun, Fun, Fun*. I **saw** *American Dream* with Jack **already**.

Steve: Then（那麼）**let's see** *Fun, Fun, Fun*. **What time is it**?

Paul: It's 2:00 P.M.

Steve: **Come on**! The movie is at 2:30.

 C-08 Vocabulary

- **How about...** 你覺得⋯⋯如何
- **this afternoon** 今天下午
- **want（wanted）** 想要
- **see（saw）** 看
- **already** 已經
- **let's（let us）** 讓我們來
- **What time is it?** 現在幾點？
- **come on** 快點

1. How about a movie?

_____

2. Which one do you want to see?

_____

3. I saw *American Dream* with Jack already.

_____

4. Then let's see *Fun, Fun, Fun*.

_____

5. What time is it?

_____

造 句

1. 你覺得看電影如何？

_____ _____ a movie?

2. 他想要看哪一部？

_____ _____ _____ he want to see?

3. 她在哪裡看過那部電影的？

   _____ _____ she see _____ movie?

4. 她上星期和 Mary 看過它。

   She _____ it _____ Mary last week.

5. 他們看過 *Fun, Fun, Fun* 嗎？

   _____ they _____ *Fun, Fun, Fun*?

6. 我們來看 *American Dream* 吧。

   Let's _____ *American Dream*.

7. 現在幾點？

   _____ _____ is it?

8. 現在兩點。

   _____ 2:00.

9. 那部電影是什麼時候？

   _____ _____ the movie?

10. 電影三點開始。

    The movie _____ _____ 3:00.

改錯

圈出文法錯誤，並寫出正確的答案

例 She (isn't) go to school every day.（doesn't）

1. I see *American Dream* yesterday.（　　　　）

2. Which movie are you like?（　　　　）

3. Does he seeing movies every day?（　　　　）

4. When time is it? It's 2:00.（　　　　）

5. Do they seeing *Fun*, *Fun*, *Fun* now?（　　　　）

配合題

1.	你覺得……如何	（　）	**a.** How about...
2.	看	（　）	**b.** this afternoon
3.	今天下午	（　）	**c.** come on
4.	讓我們來	（　）	**d.** see（saw）
5.	現在幾點？	（　）	**e.** What time is it?
6.	快點	（　）	**f.** already
7.	已經	（　）	**g.** let's（let us）

My Teacher

C-09

Sam:	Dad, **I'm home**!
Mr. Wang（王）:	How was your day at school, Son?
Sam:	O.K. We **played ping pong**. Ms. Hu（胡） **plays ping pong** very **well**!
Mr. Wang:	Ms. Hu? Is her **name** Yuching Hu（胡羽青）?
Sam:	Yes. **Why**? Is she **famous**?
Mr. Wang:	**Sure**! She **played** for the **national team when** she was **younger** and she is from my school!

 C-09 Vocabulary

- **be home** 到家，在家
- **play**（**played**）打球
- **ping pong** 乒乓球
- **well** 很好地
- **name** 名字
- **why** 為什麼

- **famous** 有名的
- **sure** 當然
- **national** 國家的
- **team** （球）隊
- **when** 當……的時候
- **younger** 較年輕的

1. How was your day at school?

_____

2. Ms. Chang plays ping pong very well!

_____

3. Is her name Yuching Hu(胡羽青)?

_____

4. Is she famous?

_____

5. She played for the national team when she was younger.

_____

造句

1. 他們在家了嗎?(時態:現在式)

_____ they home?

2. 他回來了。(時態:現在式)

He _____ home.

3. 今天上學怎麼樣？（時態：過去式）

_____ _____ your day at school?

4. 你正在做什麼？

_____ _____ you _____?

5. 她做了什麼？

_____ _____ she _____?

6. 他打了乒乓球。

He _____ ping pong.

7. 她的老師打乒乓球打得很好！（時態：過去式）

_____ teacher _____ ping pong very _____!

8. 她的名字是胡羽青嗎？

_____ her name Yuching Hu?

9. 他們有名嗎？（時態：現在式）

_____ they famous?

10. 他們以前為國家隊打球。

They _____ _____ the national team before.

改錯 ● ● ● ●

圈出文法錯誤，並寫出正確的答案

例 She (isn't) go to school every day. （doesn't）

1. She played ping pong every day. （　　　　）

2. How were your day at school? （　　　　）

3. Does he Mr. Wang? （　　　　）

4. Will you are a basketball player? （　　　　）

5. Does your father home? （　　　　）

配合題 ● ● ●

1. 到家，在家	（　）	**a.** name
2. 很好地	（　）	**b.** play（played）
3. 名字	（　）	**c.** famous
4. 有名的	（　）	**d.** well
5. 當然	（　）	**e.** sare
6. 乒乓球	（　）	**f.** national
7. 國家的	（　）	**g.** team
8. （球）隊	（　）	**h.** be home
9. 較年輕的	（　）	**i.** younger
10. 打球	（　）	**j.** ping pong
11. 當……的時候	（　）	**k.** when

A Letter to Lauren

Dear Lauren,

Thank you for the party at your home last weekend.

The food, music and dancing were great. I enjoyed the cake. You have wonderful friends, too.

I really had a lot of fun. Thanks again.

Cathy

 🎧 C-10 Vocabulary

- **dear** 親愛的
- **thank**（thanked）謝謝
- **party** 派對
- **food** 食物
- **dancing** 跳舞
- **enjoy**（enjoyed）喜愛；喜歡
- **wonderful** 很棒的
- **really** 真的
- **have**（a lot of）**fun** 玩得（很）盡興
- **thanks** 感謝
- **again** 再一次

1. Thank you for the party at your home last weekend.

_____

2. The food, music and dancing were great.

_____

3. I enjoyed the cake.

_____

4. You have wonderful friends, too.

_____

5. I really had a lot of fun.

_____

1. 他昨天在哪裡？

_____ _____ he yesterday?

2. 謝謝昨天在你家的那頓晚餐。

_____ you for the dinner _____ your home yesterday.

3. 食物、音樂和跳舞都很棒。（時態：過去式）

   The food, _____, and dancing _____ great.

4. 你喜歡什麼？（時態：現在式）

   _____ _____ you like?

5. 他喜歡音樂嗎？（時態：現在式）

   _____ he _____ music?

6. 她喜歡他的蛋糕。（時態：過去式）

   She _____ _____ cake.

7. 他也有很好的朋友們。（時態：現在式）

   He _____ _____ friends, too.

8. 他們是做什麼的？（時態：現在式）

   _____ _____ they _____?

9. 他們真的玩得很開心。（時態：過去式）

   They really _____ a lot of fun.

10. 再次感謝。

    _____ again.

改錯

圈出文法錯誤，並寫出正確的答案

例 She (isn't) go to school every day. （doesn't）

1. She likes the lunch yesterday. （　　　　）

2. Were you like his cake? （　　　　）

3. Did the dancing good? （　　　　）

4. We haved a lot of fun last week. （　　　　）

5. Were Cathy at Lauren's home last night? （　　　　）

配合題

1. 親愛的	（　）	**a.** wonderful
2. 派對	（　）	**b.** again
3. 食物	（　）	**c.** dear
4. 跳舞	（　）	**d.** food
5. 喜愛；喜歡	（　）	**e.** enjoy（enjoyed）
6. 真的	（　）	**f.** dancing
7. 玩得（很）盡興	（　）	**g.** thank（thanked）
8. 感謝	（　）	**h.** really
9. 再一次	（　）	**i.** have（a lot of）fun
10. 很棒的	（　）	**j.** party

Part D

Shopping at a Department Store

🎧 D-01

(Judy and Sandy are **shopping** at a **department store**.)

Clerk: May I help you?

Judy: I'm **looking for** a shirt.

Clerk: Well（喔）, this white one is nice.

Sandy: You **should try** it **on**.

Judy: But it's NT$900. I **only** have NT$800. Do you have a cheaper one?

Clerk: O.K. This one is **only** NT$500.

Sandy: It's cute. How do you like this one, Judy?

Judy: I don't like gray. Do you have **other** colors?

Clerk: Of course. This pink one is cute, too.

Judy: That's better!

(Judy **puts on** the pink shirt.)

Judy: I like this one. It looks good on me.

  🎧 D-01 Vocabulary

- **shop**（shopped）購物
- **department store** 百貨公司
- **clerk** 店員
- **look for** 找
- **should** 應該
- **try**（tried）**on** 試穿
- **only** 只
- **other** 其他的
- **put**（put）**on** 穿上

英翻中

1. May I help you?

_____

2. I'm looking for a shirt.

_____

3. I only have NT$800.

_____

4. Do you have a cheaper one?

_____

5. How do you like this one?

_____

造句

1. 她正在百貨公司裡購物。

She _____ _____ _____ a department store.

2. 她正在找一件襯衫。

She _____ looking _____ a shirt.

3. 那件白色的看起來很好。

    _____ white one _____ nice.

4. 這件襯衫台幣七百元。

    This shirt _____ NT$700.

5. 他有比較便宜的嗎？

    _____ he have a _____ _____?

6. 它們只要台幣三百元。

    They _____ _____ NT$300.

7. 她覺得這件如何？

    _____ _____ she _____ this one?

8. 她不喜歡灰色。

    She _____ like gray.

9. 他有其他顏色嗎？

    _____ he _____ other colors?

10. 這件比較好。

    This one _____ _____.

改錯

圈出文法錯誤，並寫出正確的答案

例 She (isn't) go to school every day. （doesn't）

1. She is looks for a pen. （　　　　）

2. He only has one hundreds dollars. （　　　　）

3. Judy don't like gray. （　　　　）

4. Do Sandy have a pink shirt? （　　　　）

5. That one is gooder than this one. （　　　　）

配合題

1.	購物	（　　）	**a.**	put（put）on
2.	百貨公司	（　　）	**b.**	look for
3.	店員	（　　）	**c.**	clerk
4.	找尋	（　　）	**d.**	shop（shopped）
5.	應該	（　　）	**e.**	department store
6.	只	（　　）	**f.**	only
7.	其他的	（　　）	**g.**	other
8.	穿上	（　　）	**h.**	should

Part D-2

At a Store

 D-02

Clerk: Hi, may I help you?

Billy: Yes. I **want** five **apples**, seven **bananas** and four **lemons**.

Clerk: Here you are.

Billy: Thank you. Can I have a cup of **papaya** milk to go?

Clerk: Yes, **large** or small?

Billy: How much is a **large** one?

Clerk: **Fifty** dollars.

Billy: How about a small one?

Clerk: A small one is five dollars **cheaper** than a **large** one.

Billy: I **want** a **large** one. How much for **everything**?

Clerk: NT$190.

Billy: Here is NT$190.

Clerk: Thank you. Bye.

註：How much for everything? 為 How much is it, for everything? 的口語用法

單字表 D-02 Vocabulary

- **clerk** 店員
- **want**（**wanted**）想要
- **apple** 蘋果
- **banana** 香蕉
- **lemon** 檸檬
- **papaya** 木瓜
- **large** 大的
- **fifty** 五十
- **cheap**（**cheaper**）便宜的（比較便宜的）
- **everything** 所有的東西

1. I want five apples, seven bananas and four lemons.

_____

2. Can I have a cup of papaya milk to go?

_____

3. How much is a large one?

_____

4. A small one is five dollars cheaper than a large one.

_____

5. Here is NT$190.

_____

造 句

1. 我可以幫你忙嗎？

_____ I _____ you?

2. 他要六顆蘋果、三根香蕉和八顆檸檬。

He _____ _____ apples, _____ bananas and _____ lemons.

49

3. 在這裡。

   _____ you _____.

4. 我可以外帶三杯木瓜牛奶嗎？

   _____ I have _____ _____ of papaya milk to go?

5. 他要大的還是小的？

   _____ he _____ a large one _____ a small one?

6. 小的多少錢？

   How much _____ a _____ one?

7. 小的比大的便宜十元。

   A small one _____ _____ dollars _____ _____ a large one.

8. 他要一個小的。

   He _____ a _____ one.

9. 全部多少錢？

   _____ _____ _____ everything?

10. 這裡有十元給你。

   Here _____ _____ dollars.

改錯

圈出文法錯誤，並寫出正確的答案

例 She (isn't) go to school every day. （doesn't）

1. Billy want two apples. （　　　　　）

2. Can he has a cup of milk? （　　　　　）

3. A lemon is five NT dollar. （　　　　　）

4. Two bananas are cheap than an apple. （　　　　　）

5. Here are NT$5. （　　　　　）

配合題

1. 店員	（　　）		**a.**	banana
2. 想要	（　　）		**b.**	large
3. 蘋果	（　　）		**c.**	lemon
4. 香蕉	（　　）		**d.**	clerk
5. 檸檬	（　　）		**e.**	want（wanted）
6. 木瓜	（　　）		**f.**	papaya
7. 大的	（　　）		**g.**	fifty
8. 五十	（　　）		**h.**	everything
9. 便宜的	（　　）		**i.**	cheap
10. 所有的東西	（　　）		**j.**	apple

Disneyland

 D-03

Mrs. Lin:	Hi, Mr. Chen. Were you in Japan last year?
Mr. Chen:	Yes. I was **studying** there.
Mrs. Lin:	That's **great**! Did you go to the Disneyland in Japan?
Mr. Chen:	Yes, and I went to the Disneyland in America this year, too.
Mrs. Lin:	**Really**? Do you like the Disneyland in Japan or in America better?
Mr. Chen:	I like the Disneyland in America **better**. It is **bigger**. **How about you?**
Mrs. Lin:	I like the Disneyland in America. I **hope** I can go to the Disneyland in Japan.

註：I was studying there. 為過去進行式的用法，強調過去某時間點的動作、狀態

 D-03 Vocabulary

- **study**（**studied**）學習、讀書
- **great** 很棒的
- **really** 真的
- **How about you?** 你呢？
- **better** 更……
- **big**（**bigger**）大的（比較大的）
- **hope** 希望

1. Were you in Japan last year?

_____

2. Did you go to the Disneyland in Japan?

_____

3. I went to the Disneyland in America last year, too.

_____

4. Do you like the Disneyland in Japan or in America better?

_____

5. I like the Disneyland in America better.

_____

1. 他去年在日本嗎？

   _____ he _____ Japan last year?

2. 他去年在日本。

   He _____ _____ Japan last year.

3. 那很棒！

That's _____!

4. 他去日本的迪士尼樂園嗎？

_____ he _____ to the Disneyland in Japan?

5. 他以前也去過美國的迪士尼樂園。

He _____ to the Disneyland in America last year, _____.

6. 他比較喜歡日本的迪士尼樂園還是美國的？

_____ he like the Disneyland in Japan _____ in America better?

7. 他比較喜歡美國的迪士尼樂園。

He _____ the Disneyland in America _____.

8. 它比較大。

It _____ _____.

9. 她希望可以去日本的迪士尼樂園。

She _____ she can _____ to the Disneyland in Japan.

10. 她明天會去那裡嗎？

_____ she _____ there _____?

改錯

圈出文法錯誤，並寫出正確的答案

例 She (isn't) go to school every day. （doesn't）

1. Did he in America last week? （　　　　）

2. She studies there last year. （　　　　）

3. Was he go to Japan yesterday? （　　　　）

4. That great! （　　　　）

5. Mr. Chen is tall than Mrs. Lin. （　　　　）

配合題

1. 學習、讀書	（　　）	**a.** big（gigger）
2. 希望	（　　）	**b.** great
3. 很棒的	（　　）	**c.** really
4. 真的	（　　）	**d.** hope
5. 大的（比較大的）	（　　）	**e.** better
6. 更……	（　　）	**f.** study（studied）

Sunday

D-04

Lynn: Do you want to go with me to the **store**? I **need** a marker.

Danny: It's too **early**. It's Sunday and the **store opens** in the afternoon.

Lynn: That's **right**. I **forgot**. Well（嗯）, then（那麼）, **let's** go to the park and eat **sandwiches**! I'm **hungry**.

Danny: It's **hot** outside. **Why not** eat at my house? My mom is **cooking dumplings**.

Lynn: O.K.

單字表 D-04 Vocabulary

- **store** 商店
- **need（needed）** 需要
- **early** 早的
- **open（opened）** 營業
- **right** 對的
- **forget（forgot）** 忘記
- **let's** 讓我們來

- **sandwich** 三明治
- **hungry** 飢餓的
- **hot** 熱的
- **why not** 為什麼不，何不
- **cook（cooked）** 煮
- **dumpling** 水餃

1. Do you want to go with me to the store?

   _____

2. The store opens in the afternoon.

   _____

3. Let's go to the park and eat sandwiches!

   _____

4. Why not eat at my house?

   _____

5. My mom is cooking dumplings.

   _____

造 句

1. 他想和她去商店嗎？

   _____ he _____ _____ _____ with her to the store?

2. 他需要一枝麥克筆。

   He _____ a marker.

3. 太早了。

   It _____ too early.

4. 今天星期幾？

   _____ _____ is today?

5. 今天是星期三。

   Today _____ _____.

6. 書店十一點營業。

   The bookstore _____ _____ 11:00.

7. 他忘記了。

   He _____.

8. 他餓了。

   He _____ hungry.

9. 為什麼不要在她家吃？

   Why not _____ _____ her house?

10. 她媽媽正在煮水餃。

    Her mother _____ _____ dumplings.

改錯

圈出文法錯誤，並寫出正確的答案

例 She (isn't) go to school every day. （doesn't）

1. He is eats breakfast now. （　　　　　　）

2. She need a pencil. （　　　　　　）

3. We forgetted. （　　　　　　）

4. What is he does now? （　　　　　　）

5. They are swiming. （　　　　　　）

配合題

1. 對的	（　　）	**a.** need（needed）
2. 商店	（　　）	**b.** store
3. 需要	（　　）	**c.** open（opened）
4. 早的	（　　）	**d.** early
5. 營業	（　　）	**e.** let's
6. 忘記	（　　）	**f.** why not
7. 讓我們來	（　　）	**g.** forget（forgot）
8. 飢餓的	（　　）	**h.** hungry
9. 為什麼不，何不	（　　）	**i.** hot
10. 煮	（　　）	**j.** cook（cooked）
11. 熱的	（　　）	**k.** right

The Weekend

 D-05

Willy: Stan, it's Saturday. Can you go swimming?

Stan: **Sorry**, I can't. I **have to stay home**. My sister has a big dog and I **have to walk** it today.

Willy: Is it **easy** to **walk** a dog?

Stan: No, it is not **easy because** I am too short. I **think** it is bigger than a **tiger**. Can we go swimming tomorrow? I don't **have to stay home** tomorrow.

Willy: Of course we can!

 D-05 Vocabulary

- **sorry** 抱歉
- **have to** 必須
- **stay**(**stayed**) 留下
- **home** 家
- **walk**(**walked**) 遛(狗等)

- **easy** 容易的
- **because** 因為
- **think**(**thought**) 認為
- **tiger** 老虎

1. Can you go swimming?

   _____

2. I have to stay home.

   _____

3. My sister has a big dog and I have to walk it today.

   _____

4. Is it easy to walk a dog?

   _____

5. I think the dog is bigger than a tiger.

   _____

造句

1. 今天是星期三。

   It's _____.

2. 他可以去游泳嗎？

   _____ he go _____?

3. 他們必須留在家。

   They have to _____ _____.

4. 他姊姊有一隻大狗。

   _____ sister _____ a big dog.

5. 他今天必須遛狗。

   He has to _____ the dog today.

6. 遛狗容易嗎？

   _____ it easy to walk a dog?

7. 不容易，因為他太矮了。

   _____ is not easy because he _____ too short.

8. 他認為那隻狗比老虎大。

   He _____ the dog _____ _____ than a tiger.

9. 他們明天可以去游泳嗎？

   _____ they go _____ tomorrow?

10. 他明天不必留在家。

    He _____ have to stay home tomorrow.

改錯

圈出文法錯誤，並寫出正確的答案

例 She (isn't) go to school every day. （doesn't）

1. Can he goes swimming? （　　　　）

2. They playing baseball every day. （　　　　）

3. He is slow than she. （　　　　）

4. Her mother have a big dog. （　　　　）

5. Does it easy to swim? （　　　　）

配合題

1.	抱歉	（　　）	**a.** home
2.	留下	（　　）	**b.** walk（walked）
3.	家	（　　）	**c.** stay（stayed）
4.	遛（狗等）	（　　）	**d.** think（thought）
5.	容易的	（　　）	**e.** sorry
6.	認為	（　　）	**f.** tiger
7.	老虎	（　　）	**g.** easy

Lucy's Homework

 D-06

Lucy likes movies. She watched two movies last night and **went to bed** at 1:30 A.M. She didn't do her homework. The **alarm clock** didn't **go off** in the morning. Lucy **arrived at** school at 8:30 A.M. and didn't **bring** her homework. Lucy's teacher was **angry**.

 單字表 D-06 Vocabulary

- **homework** 功課
- **go(went) to bed** 上床睡覺
- **alarm clock** 鬧鐘
- **go off**（鬧鐘）響
- **arrive(arrived) at** 抵達
- **bring(brought)** 帶
- **angry** 生氣的

1. She watched two movies last night and went to bed at 1:30 A.M.

_____

2. She didn't do her homework.

_____

3. The alarm clock didn't go off in the morning.

_____

4. Lucy arrived at school at 8:30 A.M. and didn't bring her homework.

_____

5. Lucy's teacher was angry.

_____

造句

1. 我喜歡電影。

I _____ movies.

2. 他們喜歡電影嗎？

_____ they _____ movies?

3. 我昨晚看了一部電影。

   I _____ a movie last night.

4. 你看了哪一部電影？

   _____ movie _____ you watch?

5. 他們凌晨一點半上床睡覺。（時態：過去式）

   They _____ to bed _____ 1:30 A.M.

6. 我昨晚沒有做功課。

   I _____ do my homework _____ night.

7. 鬧鐘早上沒有響。（時態：過去式）

   The alarm clock _____ _____ _____ _____ the morning.

8. 我早上八點抵達學校。（時態：過去式）

   I _____ _____ school at 8:00 A.M.

9. 你沒有帶你的功課。（時態：過去式）

   You _____ _____ your homework.

10. 我的老師昨天很生氣。

    _____ teacher _____ angry yesterday.

改
錯

圈出文法錯誤，並寫出正確的答案

例 She (isn't) go to school every day. （doesn't）

1. Lucy's brothers likes music. （   ）

2. He watchs TV every day. （   ）

3. I arrived to school at 7:50 A.M. （   ）

4. She didn't did her homework last night. （   ）

5. My father was angrys. （   ）

配
合
題

1. 上床睡覺	（ ）	**a.**	alarm clock
2. 鬧鐘	（ ）	**b.**	go off
3. （鬧鐘）響	（ ）	**c.**	bring（brought）
4. 抵達	（ ）	**d.**	angry
5. 帶	（ ）	**e.**	go（went）to bed
6. 生氣的	（ ）	**f.**	arrive（arrived）at

Part D-7

Our Classmate

D-07

We have a **classmate**. She is ten. She is one year younger than David. She is short, but she is taller than Rita. Her face is **round** like an **apple**. She **also** has two big **round** eyes. She is so cute. She had long hair before, but she had a **haircut** last Saturday. Now, her hair is shorter than Joyce's hair. White is her **favorite** color. She **often wears** white **dresses**, but today she is **wearing** a black **dress**. We **all** like her.

 D-07 Vocabulary

- **classmate** 同學
- **round** 圓的
- **apple** 蘋果
- **also** 也
- **haircut** 理髮
- **favorite** 最喜愛的
- **often** 經常
- **dress** 洋裝
- **wear** 穿著
- **all** 全部

68

1. She is one year younger than David.

_____

2. Her face is round like an apple.

_____

3. She had long hair before, but she had a haircut last Saturday.

_____

4. White is her favorite color.

_____

5. She often wears white dresses, but today she is wearing a black one.

_____

1. 我有一個同學。

   I _____ a _____.

2. 我九歲。

   I _____ _____.

3. 我比他大一歲。

   I _____ one year _____ than he.

4. 我很矮，但是我比麗塔高。

   I am _____, but I am _____ than Rita.

5. 我有一張像蘋果的圓臉。

   My face is _____ _____ an apple.

6. 我也有兩個大圓眼睛。

   I also _____ two big _____ eyes.

7. 他們是這麼的可愛。

   They _____ _____ cute.

8. 我以前留長髮，但是上星期四我理髮了。

   I _____ long hair _____, but I _____ a haircut
   last _____.

9. 今天我穿著一件黑色的洋裝。

   Today I _____ _____ a black dress.

10. 他們是誰？

    Who _____ they?

改錯 ● ● ● ● ° °

圈出文法錯誤，並寫出正確的答案

例 She (isn't) go to school every day. （doesn't）

1. He has two friend. （　　　　　）

2. My sister is three year old. （　　　　　）

3. I have a round noses. （　　　　　）

4. His father have a haircut last week. （　　　　　）

5. She is wears a white shirt now. （　　　　　）

配合題 ● ● ● ●

1. 同學	（　　）	**a.**	haircut
2. 蘋果	（　　）	**b.**	all
3. 也	（　　）	**c.**	dress
4. 全部	（　　）	**d.**	also
5. 理髮	（　　）	**e.**	apple
6. 最喜愛的	（　　）	**f.**	classmate
7. 經常	（　　）	**g.**	often
8. 洋裝	（　　）	**h.**	round
9. 穿著	（　　）	**i.**	wear
10. 圓的	（　　）	**j.**	favorite

A Message for Mark

 D-08

Dear Mark,

Where are you? Mom **phoned** many **times** yesterday. She **could** not **reach** you and is very **worried**. She **said** you **need** to go **back** to Taidong（台東）this weekend. **Please** call her **right away**.

Sis

July 12, 9:35 A.M.

 D-08 Vocabulary

- **phone**（**phoned**）打電話
- **time** 次數
- **can**（**could**）能
- **reach**（**reached**）
  與……取得聯繫
- **worried** 擔心的
- **say**（**said**）說
- **need** 需要
- **back** 回去
- **please** 請
- **right away** 立刻

1. Mom phoned many times yesterday.

_____

2. She could not reach you.

_____

3. She was very worried.

_____

4. She said you need to go back to Taidong this weekend.

_____

5. Please call her right away.

_____

造 句

1. 他打了很多通電話。

    He _____ many times.

2. 你昨天在哪裡？

    _____ _____ you yesterday?

3. 她昨晚去看電影。

   She _____ to the _____ last night.

4. 我聯絡不到你。

   I couldn't _____ _____.

5. 你擔心嗎？（時態：現在式）

   _____ you _____?

6. 我很擔心。（時態：現在式）

   I _____ very _____.

7. 她說我需要這個週末回台中。

   She _____ I need to _____ back to Taichung this
   weekend.

8. 你昨晚打了電話給誰？

   _____ _____ you call last night?

9. 請馬上打電話給爸爸。

   Please _____ Dad right away.

10. 你在哪裡。

    _____ are you?

改錯

圈出文法錯誤，並寫出正確的答案

例 She (isn't) go to school every day. （doesn't）

1. She calls you last night. （　　　　　）

2. He will goes to the movies tomorrow. （　　　　　）

3. Where is he yesterday? （　　　　　）

4. Could he reaches you? （　　　　　）

5. Please calls Frank right away. （　　　　　）

配合題

1. 次數	（　　）	a.	can（could）
2. 能	（　　）	b.	worried
3. 與……取得聯繫	（　　）	c.	reach（reached）
4. 擔心的	（　　）	d.	need
5. 說	（　　）	e.	right away
6. 需要	（　　）	f.	time
7. 打電話	（　　）	g.	say（said）
8. 立刻	（　　）	h.	phone（phoned）
9. 請	（　　）	i.	please

Watching a DVD

 D-09

Amy: Would you like to **see** a movie **with** me this evening?

Mary: I'd like to, but I can't. I **need** to **watch** my little brother. My mom and dad are in Taichung and I **need** to **take care of** him.

Amy: We can **take** him **with** us **to** the movie.

Mary: That's not a good **idea**. I **took** him **to** a **show** last month. He **cried** and **cried**.

Amy: That's a **pity**. **How about** watching a DVD at my house?

Mary: That's a good **idea**.

單字表  D-09 Vocabulary

- **see**（saw）看
- **with** 和
- **need** 需要
- **watch** 看護
- **take**（took）**care of** 照顧
- **take**（took）**...to** 帶……到

- **idea** 主意，點子
- **show** 表演
- **cry**（cried）哭
- **pity** 可惜之事
- **How about...** 你覺得……如何

1. Would you like to see a movie with me this evening?

_____

2. I need to watch my little brother.

_____

3. You can take him with us to the movie.

_____

4. I took him to a show last month.

_____

5. How about watching a DVD at my house?

_____

造句

1. 他晚一點會做什麼？

_____ _____ he do later?

2. 他今晚想和我們去看電影嗎？

_____ he _____ to _____ a movie with _____

tonight?

3. 他想去，但是需要看顧他的妹妹。

   He'd _____ to, but he _____ to _____ care of _____ sister.

4. 她可以帶他和我們去看電影。

   She can _____ _____ to the movie with _____.

5. 那不是個好主意。

   That _____ not a good _____.

6. 她上星期在哪裡？

   _____ _____ she last week?

7. 她上星期帶他和她去看電影。

   She _____ _____ to a movie with _____ last _____.

8. 他們一直哭。（時態：過去式）

   They _____ and _____.

9. 那太可惜了。

   That _____ a _____.

10. 你覺得在我們家看DVD如何？

    How about _____ a DVD _____ _____ house?

改錯

圈出文法錯誤，並寫出正確的答案

例 She (isn't) go to school every day. （doesn't）

1. Would he likes to go with you? （   ）

2. She can takes her sister to my house. （   ）

3. I need to going home now. （   ）

4. My sister is crys now. （   ）

5. How about watch a DVD at my house? （   ）

配合題

1. 和	（ ）		**a.**	cry（cried）
2. 需要	（ ）		**b.**	take（took）care of
3. 照顧	（ ）		**c.**	idea
4. 帶……到	（ ）		**d.**	show
5. 主意，點子	（ ）		**e.**	take（took）...to
6. 表演	（ ）		**f.**	need
7. 看護	（ ）		**g.**	watch
8. 哭	（ ）		**h.**	with
9. 你覺得……如何	（ ）		**i.**	pity
10. 可惜之事	（ ）		**j.**	How about...

79

A Letter to Ms. Morse

🎧 D-10

Dear Ms. Morse,

I am very **worried**. Beth, my daughter, **thinks** she is **fat**, so she eats **nothing but vegetables**.

She is**n't fat at all**. **In fact**, the doctor **says** she is too **thin**, but she won't **listen**. She **just wants** to be thinner. Can you help?

Beth's father,

Mike

  🎧 D-10 Vocabulary

- **dear** 親愛的
- **worried** 擔憂的
- **think**(**thought**）認為
- **fat** 胖的
- **nothing but** 只有
- **vegetable** 蔬菜
- **not... at all** 一點也不

- **in fact** 事實上
- **say**(**said**）說
- **thin** 瘦的
- **listen** 聽
- **just** 只
- **want**(**wanted**）想要

1. I am very worried.

   _____

2. My daughter thinks she is fat.

   _____

3. She eats nothing but vegetables.

   _____

4. The doctor says she is too thin, but she won't listen.

   _____

5. She just wants to be thinner.

   _____

造句

1. 他很擔心。

   He _____ very worried.

2. 他認為他太胖了。

   He _____ he _____ _____ fat.

3. 我只吃蔬菜。

   I eat _____ but vegetables.

4. 我昨天喝了牛奶。

   I _____ milk yesterday.

5. 我不吃早餐。

   I _____ _____ _____ breakfast.

6. 你一點也不重。

   You _____ not fat _____ _____.

7. 醫生說你太瘦了。（時態：現在式）

   The doctor _____ you _____ too thin.

8. 我只想變得更瘦。

   I just _____ to be _____.

9. 她可以幫忙嗎？

   Can she _____?

10. 她不會聽。

    She _____ _____.

改錯

圈出文法錯誤，並寫出正確的答案

例 She (isn't) go to school every day.（doesn't）

1. He don't eat vegetables. （　　　　　）

2. You do not fat at all. （　　　　　）

3. Your mother is thiner than you. （　　　　　）

4. Does she eat dinner last night? （　　　　　）

5. Are they drink milk tomorrow? （　　　　　）

配合題

1.	親愛的	（　　）	**a.**	just
2.	擔憂的	（　　）	**b.**	worried
3.	認為	（　　）	**c.**	dear
4.	只	（　　）	**d.**	think（thought）
5.	蔬菜	（　　）	**e.**	say（said）
6.	說	（　　）	**f.**	in fact
7.	瘦的	（　　）	**g.**	thin
8.	想要	（　　）	**h.**	fat
9.	事實上	（　　）	**i.**	want（wanted）
10.	胖的	（　　）	**j.**	vegetable

Answers
Part C

Answers

Part C-1 New Year

中文翻譯

新年

Susan：你明天會做什麼？新年來了。

Andy：我會去台北看煙火。去年很漂亮。

Susan：喔！我去年也有去。非常多人。我不會再去了。

Andy：嗯，你會做什麼？

Susan：我會在我家看電影。我有一片新的 DVD。它很受歡迎。

Andy：聽起來很棒！

英翻中

1. 你明天會做什麼？

2. 我會去台北看煙火。

3. 我去年去了。

4. 非常多人。我不會再去了。

5. 我會在我家看電影。

造句

1. What **will** Ben do **tomorrow**?

2. The New Year **is here**.

3. He **will go** to Taipei to **see** the fireworks.

4. The fireworks **were** beautiful last year.

5. Tom **went** to the US last year.

6. He **won't go** again.

7. He **will watch** a movie **in his** house.

8. He **has** a new movie on DVD.

9. **It is** very popular.

改錯

1. What will he ~~does~~ tomorrow? (**do**)
2. She ~~goed~~ to the US last month. (**went**)
3. Will Susan ~~goes~~ to Taipei next week? (**go**)
4. Andy doesn't ~~has~~ DVDs. (**have**)
5. It ~~are~~ popular. (**is**)

配合題

1. 新年　　　　　　(**c.** New Year)
2. 看　　　　　　　(**d.** see (saw))
3. 煙火　　　　　　(**j.** fireworks)
4. 漂亮的　　　　　(**e.** beautiful)
5. 這裡　　　　　　(**f.** here)
6. 人們　　　　　　(**a.** people)
7. 再　　　　　　　(**i.** again)
8. 新的　　　　　　(**g.** new)
9. 受歡迎的　　　　(**h.** popular)
10. 聽起來很棒　　　(**b.** Sounds great!)

Part C-2 Flower Show

中文翻譯

花展

上星期，我的朋友和我去造訪彰化。我們去花展看了很多花。花很鮮豔。有紅的、白的和黃的。我們照了很多照片。我也買了很多花。

英翻中

1. 上星期，我的朋友和我去造訪彰化。
2. 我們去花展看了很多花。

3. 花很鮮豔。

4. 我們照了很多照片。

5. 我也買了很多花。

造句

1. **Where** **was** he **last** week?

2. He **visited** Changhua.

3. He **went** to the Flower Show.

4. He **saw** many flowers.

5. It **was** colorful.

6. They **were** red, white **and** yellow.

7. He **took** many pictures.

8. He also **bought** many flowers.

9. **Will** he **go** to Taichung **next** week?

10. **How** does he **go** to Taichung?

改錯

1. They (visit) Changhua yesterday. (**visited**)

2. He (gos) to school every day. (**goes**)

3. The flowers (was) yellow. (**were**)

4. She (takes) many pictures last night. (**took**)

5. Did she (bought) flowers last month? (**buy**)

配合題

1. 花展　　　　　(**b.** flower show)

2. 拜訪　　　　　(**e.** visit(visited))

3. 看到　　　　　(**c.** see(saw))

4. 鮮豔的　　　　(**d.** colorful)

5. 紅的　　　　　(**i.** red)

6. 白的　　　　　(**f.** white)

88

7. 黃的 　　　　　（**h.** yellow）
8. 照相 　　　　　（**a.** take（took）pictures）
9. 也 　　　　　　（**j.** also）
10. 買 　　　　　　（**g.** buy（bought））

Part C-3　Travel to America

中文翻譯

美國旅行

Judy：Amy，你正在讀什麼？

Amy：我正在讀一本關於美國的書。

Judy：你什麼時候會去美國？

Amy：下星期。我很興奮！

Judy：小心點！我去年去了美國，而且弄丟了我的電腦。

Amy：你有找到它嗎？

Judy：不，我沒有。

Amy：真可怕。我會小心的。

英翻中

1. 你正在讀什麼？

2. 我正在讀一本關於美國的書。

3. 你什麼時候會去美國？

4. 我去年去了美國，而且弄丟了我的電腦。

5. 你有找到它嗎？

造句

1. What **is** he **reading**?

2. He **is** reading a book **about** Japan.

3. When will he **go** to **Japan**?

4. I **will** go to **America** next **month**.

5. She **is excited**.

6. She **went** to **Japan** last year.

7. She **lost her** computer.

8. **Did** she **find** it?

9. She **didn't find** it.

10. He **will be** careful.

改錯

1. (**Does**) he reading now? (**Is**)

2. When (**did**) she go to Japan next week? (**will**)

3. They (**do**) excited. (**are**)

4. Amy (**goed**) to America last month. (**went**)

5. Did Judy (**found**) her book? (**find**)

配合題

1. 旅行　　　　　　(**e.** travel)

2. 關於　　　　　　(**f.** about)

3. 興奮的　　　　　(**d.** excited)

4. 小心的　　　　　(**c.** careful)

5. 遺失　　　　　　(**a.** lose（lost）)

6. 可怕的　　　　　(**b.** terrible)

Part C-4 A Letter to Sam

中文翻譯

給 Sam 的信

Sam:

上星期的派對真棒。你記得我們在那看到一位女孩嗎？我昨晚跟她說話了。她的名字叫 Susan。她是 Lucy 的妹妹。她下星期會和我看電

影。我很高興。你有任何建議給我嗎？

Peter

英翻中

1. 我們在那看到一位女孩。

2. 我昨晚跟她說話了。

3. 她是 Lucy 的妹妹。

4. 她下星期會和我看電影。

5. 你有任何建議給我嗎？

造句

1. **Does** he **remember**?

2. He **saw** a girl **last** week.

3. He **talked to** her last night.

4. **Did** you **talk** to Sam last night?

5. He **was** happy yesterday.

6. I **am** Nancy's sister.

7. He **is not** my father.

8. **My** name **is** Emily.

9. **Her** friend **will** see a movie **with** her **next week**.

10. **Does** he **have** any advice for me?

改錯

1. Is he remember my name?（**Does**）

2. We seed that boy yesterday.（**saw**）

3. She doesn't talk to me last night.（**didn't**）

4. They will seeing a movie tomorrow.（**see**）

5. Do they had any advice?（**have**）

1. 很棒的　　　　　　　（**g.** great）
2. 派對　　　　　　　　（**j.** party）
3. 記得　　　　　　　　（**e.** remember（remembered））
4. 看見　　　　　　　　（**f.** see（saw））
5. 在那裡　　　　　　　（**m.** there）
6. 跟……說話　　　　　（**c.** talk（talked）... to）
7. 名字　　　　　　　　（**k.** name）
8. 和　　　　　　　　　（**l.** with）
9. 任何　　　　　　　　（**i.** any）
10. 建議　　　　　　　　（**h.** advice）
11. 給　　　　　　　　　（**d.** for）
12. 這麼地　　　　　　　（**b.** so）
13. 我（受詞）　　　　　（**a.** me）

Part C-5 I Was Sick

中文翻譯

我生病了

我昨天病了。我沒有上學。在我媽媽打了電話給我的老師後，她帶我去看醫生。醫生說我感冒了。它（情況）很嚴重。我這星期最好不要上學。我最好好好地休息。

英翻中

1. 我昨天病了。

2. 在我媽媽打了電話給我的老師後，她帶我去看醫生。

3. 醫生說我感冒了。

4. 我這星期最好不要上學。

5. 我最好好好地休息。

造句

1. She **was** sick yesterday.

2. He **didn't go** to school yesterday.

3. He **went** to **Japan**.

4. **Who** did you **call**?

5. I **called her** teacher.

6. **Where** did you **take** her?

7. I **took** her to **see** a **doctor**.

8. The doctor **said** she **had** a cold.

9. She **had better** not **go** to school this week.

10. She had better **have** a good **rest**.

改錯

1. She doesn't go to school yesterday. (**didn't**)

2. I am calls my teacher. (**calling**)

3. He taked me to school. (**took**)

4. She sayed it was serious. (**said**)

5. We have better go to school every day. (**had**)

單字填空

1. 病的 (**a.** sick)

2. 在……之後 (**h.** after)

3. 帶……到 (**c.** take(took)...to)

4. 看醫生 (**b.** see(saw) a doctor)

5. 說 (**d.** say(said))

6. 感冒 (**g.** have(had) a cold)

7. 嚴重的 (**e.** serious)

8. 最好 (**i.** had better)

9. 休息　　　　　（**f.** rest）

Part C-6　The Basketball Game

中文翻譯

棒球賽

Sally：嗨，Bill，你昨天有看籃球賽嗎？

Bill：有，我有看。獅隊贏了。

Sally：太好了！獅隊是我最喜歡的球隊，但是我昨天沒有看比賽。

Bill：為什麼不？它是一場重要的比賽。

Sally：我必須參加考試。

Bill：真可惜。那是一場很棒的比賽。

英翻中

1. 你昨天有看籃球賽嗎？

2. 獅隊是我最喜歡的球隊，但是我昨天沒有看比賽。

3. 它是一場重要的比賽。

4. 我必須參加考試。

5. 它是一場很棒的比賽。

造句

1. **Did** she **watch** the basketball game yesterday?

2. The Lions **won**.

3. That **is** good!

4. They **are her** favorite team.

5. She **didn't watch** the game yesterday.

6. It **was an** important game.

7. She **took a** test yesterday.

8. They **were in** my house yesterday.

9. That **is** too **bad**.

10. That **was a** great game.

改錯

1. Did he ~~watched~~ TV last night?（**watch**）

2. He is ~~she~~ favorite singer.（**her**）

3. ~~Do~~ you watch the basketball game yesterday?（**Did**）

4. Frank didn't ~~watches~~ the game.（**watch**）

5. It was ~~a~~ important game.（**an**）

配合題

1. 比賽　　　　　　（**b.** game）

2. 獅　　　　　　　（**h.** lion）

3. 獲勝　　　　　　（**d.** win（won））

4. 最喜愛的　　　　（**a.** favorite）

5. （球）隊　　　　（**e.** team）

6. 為什麼不　　　　（**c.** why not）

7. 重要的　　　　　（**f.** important）

8. 太　　　　　　　（**i.** too）

9. 參加考試　　　　（**g.** take a test）

Part C-7 A Bad Earthquake

中文翻譯

一場嚴重的地震

Tom 住在花蓮。他和他哥哥來到台中。他們在花蓮的房子在一場嚴重的地震中倒塌了，而且他們的媽媽受傷了。他們的爸爸待在花蓮照顧他們的媽媽。Tom 想念他的父母。

英翻中

1. Tom 住在花蓮。

2. 他和他哥哥來到台中。

3. 他們在花蓮的房子在一場嚴重的地震中倒塌，而且他們的媽媽受傷了。

4. 他們的爸爸待在花蓮照顧他們的媽媽。

5. Tom 想念他的父母。

造句

1. **Where is** your house?

2. They **live in** Hualien.

3. **When did** they **come** to Taichung?

4. Last week **my** brother and I **came** to Kaohsiung.

5. **Your** house **collapsed in** a bad earthquake.

6. They **were** hurt.

7. **His** father **stayed in** Hualien.

8. He **takes** care of his **son** every day.

9. **How are** they?

10. I **miss my** parents.

改錯

1. (Is) he live in Taichung? (**Does**)

2. We (comed) here yesterday. (**came**)

3. His friend (weren't) hurt. (**wasn't**)

4. She (stays) in Japan last month. (**stayed**)

5. (Are) you miss Eve? (**Do**)

配合題

1. 住　　　　　　　(**b.** live (lived))

2.　倒塌　　　　　　　(**c.** collapse（collapsed）)

3.　來　　　　　　　　(**d.** come（came）)

4.　地震　　　　　　　(**e.** earthquake)

5.　受傷的　　　　　　(**g.** hurt)

6.　留下　　　　　　　(**f.** stay（stayed）)

7.　照顧　　　　　　　(**h.** take（took）care of)

8.　想念　　　　　　　(**a.** miss（missed）)

Part C-8　Seeing a Movie

中文翻譯

看電影

Paul：嗨！今天下午看電影如何？

Steve：好啊。你想看哪一部，*Fun, Fun, Fun* 還是 *American Dream*？

Paul：*Fun, Fun, Fun*。我跟傑克已經看過 *American Dream* 了。

Steve：那麼我們看 *Fun, Fun, Fun* 吧。現在幾點？

Paul：現在兩點。

Steve：快點！電影兩點半開始。

英翻中

1. 看電影如何？

2. 你想要看哪一部？

3. 我跟 Jack 已經看過 *American Dream* 了。

4. 那麼我們看 *Fun, Fun, Fun* 吧。

5. 現在幾點？

造句

1. **How about** a movie?

2. **Which one does** he want to see?

3. **Where did** she see **that** movie?

4. She **saw** it **with** Mary last week.

5. **Did** they **see** *Fun, Fun, Fun*?

6. Let's **see** *American Dream*.

7. **What time** is it?

8. **It's** 2:00.

9. **When is** the movie?

10. The movie **is at** 3:00.

改錯

1. I (see) *American Dream* yesterday. (**saw**)

2. Which movie (are) you like? (**do**)

3. Does he (seeing) movies every day? (**see**)

4. (When) time is it? It's 2:00. (**What**)

5. (Do) they seeing *Fun, Fun, Fun* now? (**Are**)

配合題

1. 你覺得……如何　　(**a.** How about...)

2. 看　　　　　　　　(**d.** see(saw))

3. 今天下午　　　　　(**b.** this afternoon)

4. 讓我們來　　　　　(**g.** let's(let us))

5. 現在幾點？　　　　(**e.** What time is it?)

6. 快點　　　　　　　(**c.** come on)

7. 已經　　　　　　　(**f.** already)

Part C-9 Our Teacher

中文翻譯

我們的老師

Sam：爸爸，我回家了。

王先生：今天上學怎麼樣，兒子？

Sam：不錯。我們打了乒乓球。胡女士乒乓球打得很好！

王先生：胡女士？她的名字是胡羽青嗎？

Sam：對。為什麼？她有名嗎？

王先生：當然！她年輕時為國家隊打球。她是我學校的！

英翻中

1. 今天上學怎麼樣？

2. 張女士乒乓球打得很好！

3. 她的名字叫胡羽青嗎？

4. 她有名嗎？

5. 她年輕時為國家隊打球。

造句

1. **Are** they home?

2. He **is** home.

3. **How was** your day at school?

4. **What are** you **doing**?

5. **What did** she **do**?

6. He **played** ping pong.

7. **Her** teacher **played** ping pong very **well**!

8. **Is** her name Yuching Hu?

9. **Are** they famous?

10. They **played for** the national team before.

改錯

1. She **played** ping pong every day. （**plays**）

2. How **were** your day at school? （**was**）

99

3. ⟨Does⟩ he Mr. Wang? (**Is**)

4. Will you ⟨are⟩ a basketball player? (**be**)

5. ⟨Does⟩ your father home? (**Is**)

配合題

1. 到家，在家　　　　(**h.** be home)

2. 很好地　　　　　　(**d.** well)

3. 名字　　　　　　　(**a.** name)

4. 有名的　　　　　　(**c.** famous)

5. 當然　　　　　　　(**e.** sure)

6. 乒乓球　　　　　　(**j.** ping pong)

7. 國家的　　　　　　(**f.** national)

8. (球)隊　　　　　　(**g.** team)

9. 較年輕的　　　　　(**i.** younger)

10. 打球　　　　　　 (**b.** play (played))

11. 當……的時候　　　(**k.** when)

Part C-10　A Letter to Lauren

中文翻譯

一封給 Lauren 的信

親愛的 Lauren：

謝謝妳上週末在妳家辦的派對。

食物、音樂和跳舞都很棒。我喜歡那個蛋糕。你的朋友們也都很棒。

我真的玩得很愉快。再次感謝。

Cathy

英翻中

1. 謝謝妳上週末在妳家辦的派對。

100

2. 食物、音樂和跳舞都很棒。

3. 我喜歡那個蛋糕。

4. 你的朋友們也都很棒。

5. 我真的玩得很愉快。

造句

1. **Where was** he yesterday?

2. **Thank** you for the dinner **at** your home yesterday.

3. The food, **music** and dancing **were** great.

4. **What do** you like?

5. **Does** he **like** music?

6. She **enjoyed his** cake.

7. He **has wonderful** friends, too.

8. **What do** they **do**?

9. They really **had** a lot of fun.

10. **Thanks** again.

改錯

1. She likes the lunch yesterday. (**liked**)

2. Were you like his cake? (**Did**)

3. Did the dancing good? (**Was**)

4. We haved a good time last week. (**had**)

5. Were Cathy at Lauren's home last night? (**Was**)

配合題

1. 親愛的　　　　　　(**c.** dear)

2. 派對　　　　　　　(**j.** party)

3. 食物　　　　　　　(**d.** food)

4. 跳舞　　　　　　　(**f.** dancing)

5. 喜愛；喜歡　　　　(**e.** enjoy（enjoyed）)

6. 真的　　　　　　（**h.** really）
7. 玩得（很）盡興　（**i.** have (a lot of) fun）
8. 感謝　　　　　　（**g.** thank (thanked)）
9. 再一次　　　　　（**b.** again）
10. 很棒的　　　　　（**a.** wonderful）

Answers
Part D

Answers

Part D-1 Shopping at a Department Store

中文翻譯

在百貨公司裡購物

（Judy 和 Sandy 正在百貨公司裡購物。）

店員：我可以幫你忙嗎？

Judy：我正在找一件襯衫。

店員：喔，這件白色的看起來很好。

Sandy：你應該試穿看看。

Judy：但是它要台幣九百元，我只有台幣八百元。你有更便宜的嗎？

店員：有！這件只要台幣五百元。

Sandy：真可愛！你覺得這件如何，Judy？

Judy：我不喜歡灰色。你有其他顏色嗎？

店員：當然。這件粉紅色的也很可愛。

Judy：好多了！

（Judy 穿上粉紅色的襯衫。）

Judy：我喜歡這一件。穿在我身上很好看。

英翻中

1. 我可以幫你忙嗎？
2. 我正在找一件襯衫。
3. 我只有台幣八百元。
4. 你有更便宜的嗎？
5. 你覺得這件如何？

造句

1. She **is shopping at** a department store.
2. She **is** looking **for** a shirt.
3. **That** white one **looks** nice.
4. This shirt **is** NT$700.
5. **Does** he have a **cheaper one**?

6. They **are only** NT$300.

7. **How does** she **like** this one?

8. She **doesn't** like gray.

9. **Does** he **have** other colors?

10. This one **is better**.

改錯

1. She is (looks) for a pen. (**looking**)

2. He only has one (hundreds) dollars. (**hundred**)

3. Judy (don't) like gray. (**doesn't**)

4. (Do) Sandy have a pink shirt? (**Does**)

5. That one is (gooder) than this one. (**better**)

配合題

1. 購物   (**d.** shop (shopped))

2. 百貨公司   (**e.** department store)

3. 店員   (**c.** clerk)

4. 找尋   (**b.** look for)

5. 應該   (**h.** should)

6. 只   (**f.** only)

7. 其他的   (**g.** other)

8. 穿上   (**a.** put on)

Part D-2 At a Store

中文翻譯

在店裡

店員：嗨，我可以幫你忙嗎？

Billy：是的。我要五顆蘋果，七根香蕉和四顆檸檬。

店員：在這裡。

Billy：謝謝你。我可以外帶一杯木瓜牛奶嗎？

店員：可以，大杯的還是小杯的呢？

Billy：大杯的多少錢？

店員：五十元。

Billy：小杯的呢？

店員：小杯的比大杯的便宜五元。

Billy：我要一杯大的。全部多少錢？

店員：一百九十元。

Billy：這裡是一百九十元。

店員：謝謝你。再見！

英翻中

1. 我要五顆蘋果，七根香蕉和四顆檸檬。

2. 我可以外帶一杯木瓜牛奶嗎？

3. 大的多少錢？

4. 小的比大的便宜五元。

5. 這裡是一百九十元。

造句

1. **May** I **help** you?

2. He **wants six** apples, **three** bananas and **eight** lemons.

3. **Here** you **are**.

4. **Can** I have **three cups** of papaya milk to go?

5. **Does** he **want** a large one **or** a small one?

6. How much **is** a **small** one?

7. A small one **is ten** dollars **cheaper than** a large one.

8. He **wants** a **small** one.

9. **How much for** everything?

10. Here **is ten** dollars.

改錯

1. Billy ⟨want⟩ two apples. (**wants**)

2. Can he (has) a cup of milk? (**have**)

3. A lemon is five NT (dollar). (**dollars**)

4. Two bananas are (cheap) than an apple. (**cheaper**)

5. Here (are) NT$5. (**is**)

配合題

1. 店員　　　　　　（**d.** clerk）

2. 要　　　　　　　（**e.** want（wanted））

3. 蘋果　　　　　　（**j.** apple）

4. 香蕉　　　　　　（**a.** banana）

5. 檸檬　　　　　　（**c.** lemon）

6. 木瓜　　　　　　（**f.** papaya）

7. 大的　　　　　　（**b.** large）

8. 五十　　　　　　（**g.** fifty）

9. 便宜的　　　　　（**i.** cheap）

10. 所有的東西　　　（**h.** everything）

Part D-3　Disneyland

中文翻譯

迪士尼樂園

林太太：嗨，陳先生。你去年在日本嗎？

陳先生：對。我在那裡讀書。

林太太：聽起來很棒！你去過日本的迪士尼樂園嗎？

陳先生：去過，我今年也去過美國的迪士尼樂園。

林太太：真的嗎？你比較喜歡日本的迪士尼樂園還是美國的？

陳先生：我比較喜歡美國的迪士尼樂園。它比較大。你呢？

林太太：我喜歡美國的迪士尼樂園。我希望我可以去日本的迪士尼樂
　　　　園。

英翻中

1. 你去年在日本嗎？
2. 你有去日本的迪士尼樂園嗎？
3. 我去年也有去美國的迪士尼樂園。
4. 你比較喜歡日本的迪士尼樂園還是美國的？
5. 我比較喜歡美國的迪士尼樂園。

造句

1. **Was** he **in** Japan last year?
2. He **was in** Japan last year.
3. That's **great**!
4. **Did** he **go** to the Disneyland in Japan?
5. He **went** to the Disneyland in America last year, **too**.
6. **Does** he like the Disneyland in Japan **or** in America?
7. He **likes** the Disneyland in America **better**.
8. It **is bigger**.
9. She **hopes** she can **go** to the Disneyland in Japan.
10. **Will** she **go** there **tomorrow**?

改錯

1. (Did) he in America last week? (**Was**)
2. She (studies) there last year. (**studied**)
3. (Was) he go to Japan yesterday? (**Did**)
4. (That) great! (**That's**)
5. Mr. Chen is (tall) than Mrs. Lin. (**taller**)

配合題

1. 學習、讀書　　(**f.** study (studied))
2. 希望　　　　　(**d.** hope)
3. 很棒的　　　　(**b.** great)
4. 真的　　　　　(**c.** really)

108

5. 大的（比較大的）　（**a.** big（bigger））
6. 更……　　　　　（**e.** better）

Part D-4　Sunday

中文翻譯

星期日

Lynn：你想和我去商店嗎？我需要一枝麥克筆。

Danny：太早了。今天是星期日，商店下午營業。

Lynn：對耶。我忘了。那我們去公園吃三明治吧！我餓了。

Danny：外面很熱。為什麼不在我家吃？我媽媽正在煮水餃。

Lynn：好啊。

英翻中

1. 你想和我去商店嗎？
2. 商店下午營業。
3. 我們去公園吃三明治吧！
4. 為什麼不在我家吃？
5. 我媽媽正在煮水餃。

造句

1. **Does** he **want to go** with her to the store?
2. He **needs** a marker.
3. It **is** too early.
4. **What day** is today?
5. Today **is Wednesday**.
6. The bookstore **opens at** 11:00.
7. He **forgot**.
8. He **is** hungry.
9. Why not **eat at** her house?
10. Her mother **is cooking** dumplings.

改錯

1. He is ~~eats~~ breakfast now. (**eating**)
2. She ~~need~~ a pencil. (**needs**)
3. We ~~forgetted~~. (**forgot**)
4. What is he ~~does~~ now? (**doing**)
5. They are ~~swiming~~. (**swimming**)

配合題

1. 對的 (**k.** right)
2. 商店 (**b.** store)
3. 需要 (**a.** need (needed))
4. 早的 (**d.** early)
5. 營業 (**c.** open (opened))
6. 忘記 (**g.** forget (forgot))
7. 讓我們來 (**e.** let's)
8. 飢餓的 (**h.** hungry)
9. 為什麼不，何不 (**f.** why not)
10. 煮 (**j.** cook (cooked))
11. 熱的 (**i.** hot)

Part D-5 The Weekend

中文翻譯

週末

Willy：Stan，今天是星期六。你可以去游泳嗎？

Stan：抱歉，我不能。我必須留在家。我姊姊有一隻大狗，而且我今天必須遛狗。

Willy：遛狗容易嗎？

Stan：不，不容易，因為我太矮了。我認為得那隻狗甚至比老虎大。我們可以明天去游泳嗎？我明天不必留在家。

Willy：當然可以！

英翻中

1. 你可以去游泳嗎？
2. 我必須留在家。
3. 我姊姊有一隻大狗，而且我今天必須遛牠。
4. 遛狗容易嗎？
5. 我認為那隻狗比老虎大。

造句

1. It's **Wednesday**.
2. **Can** he go **swimming**?
3. They have to **stay home**.
4. **His** sister **has** a big dog.
5. He has to **walk** the dog today.
6. **Is** it easy to walk a dog?
7. **It** is not easy because he **is** too short.
8. He **thinks** the dog **is bigger** than a tiger.
9. **Can** they go **swimming** tomorrow?
10. He **doesn't** have to stay home tomorrow.

改錯

1. Can he (goes) swimming?（**go**）
2. They (playing) baseball every day.（**play**）
3. He is (slow) than she.（**slower**）
4. Her mother (have) a big dog.（**has**）
5. (Does) it easy to swim?（**Is**）

配合題

1. 抱歉　　　　（**e.** sorry）
2. 留下　　　　（**c.** stay（stayed））
3. 家　　　　　（**a.** home）
4. 遛（狗等）　（**b.** walk（walked））

5. 容易的 　　　　　(**g.** easy)

6. 認為 　　　　　　(**d.** think（thought）)

7. 老虎 　　　　　　(**f.** tiger)

Part D-6　Lucy's Homework

中文翻譯

Lucy 的功課

Lucy 喜歡電影。她昨晚看了兩部電影，並在凌晨一點半上床睡覺。她沒有做功課。鬧鐘早上沒有響。露西早上八點半抵達學校，而且沒有帶她的功課。Lucy 的老師很生氣。

英翻中

1. 她昨晚看了兩部電影，並在凌晨一點半上床睡覺。

2. 她沒有做功課。

3. 鬧鐘早上沒有響。

4. Lucy 早上八點半抵達學校，而且沒有帶她的功課。

5. Lucy 的老師很生氣。

造句

1. I **like** movies.

2. **Do** they **like** movies?

3. I **watched** a movie last night.

4. **Which** movie **did** you watch?

5. They **went** to bed **at** 1:30 A.M.

6. I **didn't** do my homework **last** night.

7. The alarm clock **didn't go off in** the morning.

8. I **arrived at** school at 8:00 A.M.

9. You **didn't bring** your homework.

10. **My** teacher **was** angry yesterday.

改錯

1. Lucy's brothers ~~likes~~ music. (**like**)
2. He ~~watchs~~ TV every day. (**watches**)
3. I arrived ~~to~~ school at 7:50 A.M. (**at**)
4. She didn't ~~did~~ her homework last night. (**do**)
5. My father was ~~angrys~~ (**angry**)

配合題

1. 上床睡覺 　　　　(**e.** go (went) to bed)
2. 鬧鐘　　　　　　(**a.** alarm clock)
3. 響　　　　　　　(**b.** go off)
4. 抵達　　　　　　(**f.** arrive (arrived) at)
5. 帶　　　　　　　(**c.** bring (brought))
6. 生氣的　　　　　(**d.** angry)

Part D-7 Who is She?

中文翻譯

我們的同學

我們有一個同學。她十歲。她比 David 小一歲。她很矮,但是她比 Rita 高。她的臉圓圓地像顆蘋果。她也有兩個大圓眼睛。她是這麼的可愛。她以前留長髮,但是上星期六她理髮了。現在,她的頭髮比 Joyce 的頭髮短。白色是她最喜歡的顏色。她經常穿白色的洋裝,但是她今天穿一件黑色的洋裝。我們都喜歡她。

英翻中

1. 她比 David 小一歲。
2. 她的臉圓圓地像顆蘋果。
3. 她以前留長髮,但是上星期六她理髮了。
4. 白色是她最喜歡的顏色。
5. 她經常穿白色的洋裝,但是她今天穿一件黑色的洋裝。

造句

1. I **have** a **classmate**.
2. I **am nine**.
3. I **am** one year **older** than he.
4. I am **short**, but I am **taller** than Rita.
5. My face is **round like** an apple.
6. I also **have** two big **round** eyes.
7. They **are so** cute.
8. I **had** long hair **before** , but I **had** a haircut last **Thursday**.
9. Today I **am wearing** a black dress.
10. Who **are** they?

改錯

1. He has two friend. (**friends**)
2. My sister is three year old. (**years**)
3. I have a round noses. (**nose**)
4. His father have a haircut last week. (**had**)
5. She is wears a white shirt now. (**wearing**)

配合題

1. 同學　　　　　（**f.** classmate）
2. 蘋果　　　　　（**e.** apple）
3. 也　　　　　　（**d.** also）
4. 全部　　　　　（**b.** all）
5. 理髮　　　　　（**a.** haircut）
6. 最喜愛的　　　（**j.** favorite）
7. 經常　　　　　（**g.** often）
8. 洋裝　　　　　（**c.** dress）
9. 穿著　　　　　（**i.** wear）
10. 圓的　　　　　（**h.** round）

Part D-8 A Message for Mark

中文翻譯

給 Mark 的信息

親愛的 Mark：

你在哪？媽媽昨天打了很多通電話。她聯絡不到你而非常擔心。她說你這個週末必須回台東一趟。請馬上打電話給她。

姐

7月12日上午9點35分

英翻中

1. 媽媽昨天打了很多通電話。

2. 她聯絡不到你。

3. 她很擔心。

4. 她說你這個週末必須回台東。

5. 請馬上打給她。

造句

1. He **phoned** many times.

2. **Where were** you yesterday?

3. She **went** to the **movies** last night.

4. I couldn't **reach you**.

5. **Are** you **worried**?

6. I **am** very **worried**.

7. She **said** I need to **go** back to Taichung this weekend.

8. **Who did** you call last night?

9. Please **call** Dad right away.

10. **Where** are you?

改錯

1. She ⟨**calls**⟩ you last night.（**called**）

2. He will ⟨**goes**⟩ to the movies tomorrow.（**go**）

3. Where (is) he yesterday? (**was**)
4. Could he (reaches) you? (**reach**)
5. Please (calls) Frank right away. (**call**)

配合題

1. 次數　　　　　　　（**f.** time）
2. 能　　　　　　　　（**a.** can（could））
3. 與……取得聯繫　　（**c.** reach（reached））
4. 擔心的　　　　　　（**b.** worried）
5. 說　　　　　　　　（**g.** say（said））
6. 需要　　　　　　　（**d.** need）
7. 打電話　　　　　　（**h.** phone（phoned））
8. 立刻　　　　　　　（**e.** right away）
9. 請　　　　　　　　（**i.** please）

Part D-9 Watching a DVD

中文翻譯

看 DVD

Amy：你今晚想和我去看電影嗎？

Mary：我想去，但是我沒辦法。我必須照顧我的小弟。我爸爸和媽媽
　　　在台中，我必須照顧他。

Amy：我們可以帶他跟我們去看電影。

Mary：這不是個好主意。我上個月帶他去看表演。他一直哭。

Amy：那太可惜了。你覺得在我家看 DVD 如何？

Mary：好主意。

英翻中

1. 你今晚想和我去看電影嗎？
2. 我必須照顧我的小弟。
3. 你可以帶他跟我們去看電影。

4. 我上個月帶他去看表演。

5. 你覺得在我家看 DVD 如何？

造句

1. **What will** he do later?
2. **Would** he **like** to **see** a movie with **us** tonight?
3. He'd **like** to, but he **has** to **take** care of **his** sister.
4. She can **take him** to the movie with **us**.
5. That **is** not a good **idea**.
6. **Where was** she last week?
7. She **took him** to a movie with **her** last **week**.
8. They **cried** and **cried**.
9. That **is** a **pity**.
10. How about **watching** a DVD **at our** house?

改錯

1. Would he likes to go with you? (**like**)
2. She can takes her sister to my house. (**take**)
3. I need to going home now. (**go**)
4. My sister is crys now. (**crying**)
5. How about watch a DVD at my house? (**watching**)

配合題

1. 和   (**h.** with)
2. 需要   (**f.** need)
3. 照顧   (**b.** take (took) care of)
4. 帶……到   (**e.** take (took)...to)
5. 主意，點子   (**c.** idea)
6. 表演   (**d.** show)
7. 看護   (**g.** watch)
8. 哭   (**a.** cry (cried))

9. 你覺得…如何 （**j.** How about...）
10. 可惜之事 （**i.** pity）

Part D-10　A Letter to Ms. Morse

中文翻譯

一封給 Morse 女士的信

親愛的 Morse 女士：

我非常擔心。Beth，我的女兒，覺得她太胖了，所以她什麼都不吃，只吃菜。

她一點也不胖。事實上，醫生說她太瘦了，但是她聽不進去。她只想變得更瘦。妳能幫忙嗎？

Beth 的爸爸

Mike

英翻中

1. 我非常擔憂。
2. 我的女兒認為她很胖。
3. 她什麼都不吃，只吃蔬菜。
4. 醫生說她太瘦了，但是她聽不進去。
5. 她只想變得更瘦。

造句

1. He **is** very worried.
2. He **thinks** he **is too** fat.
3. I eat **nothing** but vegetables.
4. I **drank** milk yesterday.
5. I **do not eat** breakfast.
6. You **are** not fat **at all**.
7. The doctor **says** you **are** too thin.
8. I just **want** to be **thinner**.

118

9. Can she **help**?

10. She **won't listen**.

改錯

1. He (**don't**) eat vegetables. (**doesn't**)

2. You (**do**) not fat at all. (**are**)

3. Your mother is (**thiner**) than you. (**thinner**)

4. (**Does**) she eat dinner last night? (**Did**)

5. (**Are**) they drink milk tomorrow? (**Will**)

配合題

1. 親愛的　　　　　　(**c.** dear)

2. 擔憂的　　　　　　(**b.** worried)

3. 認為　　　　　　　(**d.** think(thought))

4. 只　　　　　　　　(**a.** just)

5. 蔬菜　　　　　　　(**j.** vegetable)

6. 說　　　　　　　　(**e.** say(said))

7. 瘦的　　　　　　　(**g.** thin)

8. 想要　　　　　　　(**i.** want(wanted))

9. 事實上　　　　　　(**f.** in fact)

10. 胖的　　　　　　　(**h.** fat)

Linking English
專門替中國人寫的英文練習本 *初級本下冊*

2010年12月初版　　　　　　　　　　　　　　　　　定價：新臺幣200元
2017年12月初版第四刷
有著作權・翻印必究
Printed in Taiwan.

著　　　著	博 幼 基 金 會
策 劃 審 訂	李 　 家 　 同
叢 書 主 編	李 　 　 　 㲎
校　　　對	王 　 沂 　 璇
內 文 排 版	陳 　 如 　 琪
封 面 設 計	蔡 　 婕 　 岑
光 碟 製 作	純 粹 錄 音
	後 製 公 司

出　版　者	聯 經 出 版 事 業 股 份 有 限 公 司	總 編 輯	胡 　 金 　 倫
地　　　址	新北市汐止區大同路一段369號1樓	總 經 理	陳 　 芝 　 宇
編 輯 部 地 址	新北市汐止區大同路一段369號1樓	社 　 長	羅 　 國 　 俊
叢 書 主 編 電 話	(0 2) 8 6 9 2 5 5 8 8 轉 5 3 1 7	發 行 人	林 　 載 　 爵
台 北 聯 經 書 房	台 北 市 新 生 南 路 三 段 9 4 號		
電　話	(0 2) 2 3 6 2 0 3 0 8		
台 中 分 公 司	台 中 市 北 區 崇 德 路 一 段 1 9 8 號		
暨 門 市 電 話	(0 4) 2 2 3 1 2 0 2 3		
郵 政 劃 撥 帳 戶 第 0 1 0 0 5 5 9 - 3 號			
郵 撥 電 話	(0 2) 2 3 6 2 0 3 0 8		
印　刷　者	世 和 印 製 企 業 有 限 公 司		
總 經 銷	聯 合 發 行 股 份 有 限 公 司		
發　行　所	新北市新店區寶橋路235巷6弄6號2F		
電　話	(0 2) 2 9 1 7 8 0 2 2		

行政院新聞局出版事業登記證局版臺業字第0130號

本書如有缺頁，破損，倒裝請寄回台北聯經書房更換。　　ISBN　978-957-08-3720-9 (平裝)
聯經網址 http://www.linkingbooks.com.tw
電子信箱 e-mail:linking@udngroup.com

　　國家圖書館出版品預行編目資料

專門替中國人寫的英文練習本：
初級本下冊/博幼基金會著．初版．
臺北市．聯經．2010年12月（民99年）．
128面．19×26公分（Linking English）
ISBN　978-957-08-3720-9（平裝附光碟）
[2017年12月初版第四刷]

1.英語教學　2.讀本　3.中小學教育

523.318　　　　　　　　　99015358